Inhalt

Wie ihr das Journal nutzen könnt

Es gibt Symbole für verschiedene Aktivitäten, die euch helfen sollen, den bestmöglichen Nutzen aus dem Journal zu ziehen:

Hier kannst du etwas notieren.

Hier kannst du dich mit deinem Partner oder deiner Partnerin austauschen.

Hier könnt ihr innehalten und überlegen.

Hier kannst du deine Ideen und Vorsätze notieren – z. B. euer nächstes Date planen oder deine Wünsche und Hoffnungen für die Zukunft aufschreiben.

Hier könnt ihr die Journale tauschen und du kannst etwas in das Journal deines Partners oder deiner Partnerin schreiben, was ihm oder ihr beim Blick in die Vergangenheit oder Zukunft hilft.

Das Journal soll ein Begleiter sein auf eurer gemeinsamen Entdeckungsreise. Wir hoffen, dass es euch hilft, festzuhalten und praktisch umzusetzen, was ihr im Ehe-Vorbereitungskurs über euch und euren Partner oder eure Partnerin herausfindet.

Willkommen zum Ehe-Vorbereitungskurs …

Dieser Kurs basiert auf universellen Prinzipien für eine Ehe, die für jedes Paar an jedem Ort relevant sind.

Starke Ehen entstehen nicht einfach automatisch. Wir hoffen, dass ihr die Einstellungen, Werte und Verhaltensweisen entdeckt, die erforderlich sind, um eine gesunde und starke Ehe aufzubauen, die ein Leben lang hält.

Dieses Journal ist entwickelt worden, damit ihr gemeinsam über eure Zukunft nachdenken, reden und träumen könnt, und das nicht nur im Kurs selbst, sondern auch darüber hinaus. Dabei gibt es keine richtigen oder falschen Antworten, und kein anderer wird lesen, was ihr notiert habt.

Unsere Hoffnung ist, dass ihr im Kurs die passenden Tools für euch entdecken und aufgreifen könnt, die euch helfen, ein Leben lang in eure Ehe zu investieren. Und wir wünschen euch, dass es euch Spaß macht, Dinge herauszufinden, die ihr noch nicht über euren Partner wusstet.

Ob ihr verlobt seid oder über Ehe nachdenkt, ihr seid auf einer spannenden Entdeckungsreise

Nicky and Sila

Nicky and Sila Lee
Entwickler des Ehe-Vorbereitungskurses

Einheit 1

Kommunikation

Einheit 1 – Kommunikation

> **Die Ehe ist ein Versprechen: „Ich bin nicht nur bereit, den Rest meines Lebens mit dir zu verbringen; ich bin bereit, den Rest meines Lebens damit zu verbringen, dich immer besser kennenzulernen. Es gibt immer noch mehr zu entdecken."**
>
> DR. ROWAN WILLIAMS (EHEMALIGER ERZBISCHOF VON CANTERBURY)

Manchmal wird einem erst nach der Hochzeit klar, dass unsere tiefsten Überzeugungen und Lebenseinstellungen nicht von jedem geteilt werden.

PAARGESPRÄCH 1

5 Minuten

UNTERSCHIEDLICHE ERWARTUNGEN

Überlegt euch eine Sache, bei der ihr aufgrund eurer Erziehung oder eures kulturellen Hintergrundes unterschiedliche Erwartungen an die Ehe habt. Zum Beispiel: Wie häufig ihr eure Familien trefft und wie eingebunden ihr dort seid, ob ihr gerne und oft Gäste habt, wie ihr eure Wohnung einrichten wollt, ob ihr kaputte Dinge eher wegwerft oder repariert, wer von euch meistens kocht, wie ihr euch entspannt.

Gute Kommunikation

Kommunikation beinhaltet effektives Reden und Zuhören.

Wir sind alle unterschiedlich in der Art, wie wir kommunizieren.
Dies wird beeinflusst durch:

- unsere Persönlichkeit

- unsere Herkunft

1. Unsere Persönlichkeit

extrovertiert
Extrovertierte Menschen verarbeiten ihre Gedanken eher nach außen gerichtet. Mit anderen Worten: Sie denken oft laut.

introvertiert
Introvertierte Menschen bevorzugen es, ihre Gedanken erst zu sortieren, bevor sie etwas sagen.

analytisch
Analytiker gehen methodisch an eine Sache heran und brauchen länger, bis sie sich entscheiden.

intuitiv
Intuitive Menschen agieren aus dem Bauch heraus und ziehen manchmal voreilige Schlüsse.

> **Offen und ehrlich über unsere Unterschiede reden zu können, ist von zentraler Bedeutung für eine starke Ehe.**

„Ich danke dir, dass ich so staunenswert und wunderbar gestaltet bin."

– PSALM 139,14

PAARGESPRÄCH 2

5 Minuten

WIE WIR KOMMUNIZIEREN

Erzählt einander, wie die jeweilige Persönlichkeit eurer Ansicht nach die Art der Kommunikation beeinflusst.

2. Eure Herkunftsfamilien

Einige Familien sind leise, andere sind viel lauter.

Einige Familien sind sehr impulsiv, andere sind ruhiger.

Einige Familien wechseln sich beim Reden ab, anderen unterbrechen sich häufig.

> **Einige Familien sprechen Meinungsverschiedenheiten sofort an; andere benötigen dazu mehr Zeit oder vermeiden es, überhaupt über gegensätzliche Standpunkte zu reden.**

PAARGESPRÄCH 3

10 Minuten

FAMILIÄRE KOMMUNIKATIONSMUSTER

Macht die folgende Übung (jeder für sich) und sprecht im Anschluss darüber. Markiert mit einem x auf der Linie die Stelle zwischen den Gegensätzen, wo ihr eure eigene Familie einordnen würdet.

Die Kommunikation in meiner Familie war meist:

indirekt	————————	direkt
vage	————————	präzise
entspannt	————————	angespannt
harmonisch	————————	kämpferisch
verschlossen	————————	offen
laut	————————	leise
humorvoll	————————	ernst
unterbrechen	————————	abwechseln

Wie hat die Art der Kommunikation in der Familie, in der du aufgewachsen bist, deine Art der Kommunikation als Erwachsener beeinflusst? Wie sehr unterscheidet sich das von der Familie deines Partners oder deiner Partnerin?

Hindernisse für gute Kommunikation

1. Ihr nehmt euch zu wenig Zeit

Nehmt euch regelmäßig Zeit für wichtige Gespräche

- plant diese Zeiten fest ein (es ergibt sich nicht von selbst)
- schützt diese Zeit vor Ablenkungen und Unterbrechungen, z.B. durch Smartphones, PCs u.ä.

Entwickelt ein Gespür dafür, wann ihr alles andere stehen und liegen lassen und zuhören müsst.

Welche Dinge könnten euch davon abhalten, täglich Zeit zum Reden zu haben?

2. Ihr redet nicht über eure Gefühle

Einige Menschen müssen erst lernen, über ihre Gefühle zu reden, weil sie als Kind kein Vorbild dafür hatten.

- Sie finden es vielleicht schwierig, über ihre Gefühle zu reden, weil sie sich unzulänglich oder verletzlich fühlen oder Angst davor haben, wie die andere Person reagiert.
- Hab Mut, deiner Partnerin oder deinem Partner deine Gefühle anzuvertrauen.

Hört einander zu, ohne zu verurteilen oder zu kritisieren.

PAARGESPRÄCH 4

10 Minuten

EFFEKTIVES REDEN

- Erzählt euch abwechselnd, wie ihr normalerweise redet, wenn ihr Angst habt, genervt seid oder unter Druck steht.

- Reagiert ihr so, wie eure Eltern früher reagiert haben?

- Frage deine Partnerin oder deinen Partner, wie einfach oder schwer es für sie oder ihn ist, über ihre oder seine Gedanken, Einstellungen und Gefühle zu sprechen.

- Finde heraus, ob sie oder er in der Kindheit ermutigt wurde, über Gefühle zu sprechen.

> **Für eine stabile Ehe ist es unerlässlich, dass wir unsere innersten Gedanken und Gefühle mitteilen.**

3. Ihr hört einander nicht zu

> **Zuhören ist eine wichtige Grundlage für gegenseitiges Verständnis und Vertrautheit in der Ehe.**

Wenn einem nicht zugehört wird, ist das extrem schädlich für eine Beziehung.

Wenn uns jemand zuhört, fühlen wir uns

- verstanden
- wertgeschätzt
- unterstützt
- geliebt

Diese schlechten Gewohnheiten sollten wir ablegen:

- gedanklich abschweifen
- das Thema wechseln
- Ratschläge geben
- verharmlosen
- unterbrechen

Erkennst du einige dieser schlechten Gewohnheiten bei dir?

Zuhören

Es erfordert Zeit und Geduld, effektiv zuzuhören. Man kann es lernen.

Effektives Zuhören bedeutet

- die Partnerin, den Partner ausreden zu lassen.
- die eigenen Anliegen zurückzustellen und zu versuchen, die Welt mit den Augen der Partnerin oder des Partners zu sehen.
- sich zu bemühen, den anderen zu verstehen, auch wenn wir selbst anders denken oder fühlen.

PAARGESPRÄCH 5

15 Minuten

EFFEKTIVES ZUHÖREN

1. Einer von euch fragt den anderen: **„Erzähl mir etwas, was dir Sorgen macht oder dich stört."**

   Höre gut zu, und wenn der andere ausgeredet hat, spiegele wider, was er – vor allem über seine Gefühle – gesagt hat. So zeigst du, ob du alles verstanden hast. Wenn das nicht der Fall ist, bitte deine Partnerin oder deinen Partner, es dir noch einmal zu sagen.

2. Frage als nächstes: **„Was von dem, was du mir erzählt hast, macht dir am meisten Sorgen oder stört dich am meisten?"** Wiederhole dann, was der andere gesagt hat.

3. Frage dann: **„Gibt es etwas, das du in dieser Sache tun könntest (oder möchtest du, dass ich oder wir gemeinsam etwas tun)?"** Wiederhole auch hier, was der andere gesagt hat.

4. Abschließend fragst du: **„Gibt es noch etwas, das du mir sagen möchtest?"** Auch hier spiegelst du zurück, was der andere gesagt hat.

Tauscht danach die Rollen.

Paargespräche für Zuhause

„Die Gabe, ein guter Zuhörer zu sein, erfordert ständige Übung und ist vermutlich die Gabe, die am meisten heilend wirkt. Sie verurteilt und belehrt den anderen nicht, sondern drückt Unterstützung auf einer Ebene aus, die viel tiefer geht als Worte."

— Gerard Hughes

Plant euer nächstes Date

	Mo	Di	Mi	Do	Fr	Sa	So
Morgen							
Nachmittag							
Abend							

Du oder ich? Wer ist dran, etwas für uns beide zu organisieren?

Diese Woche könnten wir ....

Gesprächseinstieg für euer nächstes Date
Frage deinen Partner: „Was war der beste Urlaub, den du jemals hattest?"

und: „Was wäre dein Traum-Ferienziel?"

Was erhoffst du dir von diesem Kurs?

Effektive Kommunikation

Nehmt euch im Laufe der nächsten Woche etwas Zeit, eure Antworten zu den folgenden Fragen zu notieren und mit eurem Partner zu besprechen.

1. Bist du ein guter Zuhörer?

Wo siehst du deine Fähigkeiten als Zuhörer auf einer Skala von 1 bis 10:

1 2 3 4 5 6 7 8 9 10

2. Wie würdest du deinen Partner oder deine Partnerin einschätzen?

1 2 3 4 5 6 7 8 9 10

3. Wann hattet ihr eure besten Gespräche über eure tiefsten Gedanken und Gefühle?

4. Welche Zeiten und Orte sind für euch die besten für gute Gespräche?

5. Was waren bisher für euch die ungünstigsten Zeiten und Orte für effektive Kommunikation? Könnt ihr herausfinden, warum?

6. Vervollständige den Satz: „Ich kann mich dir gegenüber besser öffnen, wenn du …"

Diese Übung ist adaptiert aus *Looking up the Aisle* von Dave und Joyce Ames (Mission to Marriage, 1994)

Einheit 2

Konflikte

RÜCKBLICK

- Erzählt euch gegenseitig, was ihr beim ersten Treffen Neues über die Ehe und über euren Partner erfahren habt.
- Dann erzählt einander, wie es sich für euch angefühlt hat, als euer Partner euch im Paargespräch 5 „Effektiv zuhören" (auf Seite 15) aufmerksam zugehört hat.

Einheit 2 – Konflikte

Mit Konflikten rechnen

Meinungsverschiedenheiten in Beziehungen sind unvermeidlich.

- Wir sind verschieden – mit unterschiedlichen Hintergründen, Wünschen, Prioritäten und Persönlichkeiten.
- Alle Menschen sind von Natur aus in einem gewissen Maß selbstbezogen.

> **Die Frage ist nicht, ob wir Meinungsverschiedenheiten haben werdet; die Frage ist, wie wir mit solchen Meinungsverschiedenheiten umgehen. Das Wichtigste für Paare ist, dass sie geeignete Tools kennen, um Konflikte konstruktiv lösen zu können.**

Umgang mit Wut und Ärger

Wut an sich ist nicht falsch; die Art und Weise, wie wir mit Wut und Ärger umgehen, kann jedoch zerstörerisch sein.

Diese zwei Tiere helfen uns, zwei Möglichkeiten für den Umgang mit Wut zu verdeutlichen, die unangemessen und nicht hilfreich sind:

- **Nashörner:** Sie lassen es dich sofort wissen, dass sie wütend sind – sie gehen zum Angriff über.

- **Igel:** Sie verstecken ihre Wut eher – sie werden stiller und ziehen sich zurück.

- Beides sind zerstörerische und ineffektive Wege, um Konflikte zu lösen.

Nashörner und Igel können lernen, ihre Meinungsverschiedenheiten in einer konstruktiven Weise zu äußern, ohne dabei den anderen zu verletzen.

PAARGESPRÄCH 1

10 Minuten

NASHÖRNER UND IGEL

Überlege, ob du mehr zum Nashorn oder zum Igel tendierst, wenn du wütend bist. Wenn du dir nicht sicher bist, frage einfach deine Partnerin oder deinen Partner. Sie oder er hat sicher eine Idee dazu.

Sprecht darüber, wie jeder von euch typischerweise reagiert, wenn ihr euch verletzt fühlt und wie ihr euren Ärger zeigt.

Unsere Unterschiede erkennen und akzeptieren

Einige unserer Unterschiede haben mit unserer Persönlichkeit zu tun:

- vorsichtig / impulsiv
- organisiert / flexibel
- übernimmt die Führung / unterstützt lieber
- mehr extrovertiert / mehr introvertiert
- möchte Geld sparen / möchte Geld ausgeben

Das eine ist nicht besser als das andere – wir sind einfach verschieden. wir können nicht von unserem Partner erwarten, dass er sich ändert und so wird wie wir.

> **Wenn wir unsere Unterschiede erkennen und akzeptieren, lernen wir, die Stärken des anderen zu schätzen und ihm bei seinen Schwächen zu helfen. Das macht uns zu einem guten Team.**

PAARGESPRÄCH 2

10 Minuten

EURE UNTERSCHIEDE ERKENNEN

Markiere bei jedem Thema, an welcher Stelle auf der Linie du dich und deinen Partner siehst (*siehe Beispiel: N = Nicky; S = Sila*).

Geld	S	N
	ausgeben	*sparen*
Pünktlichkeit	S	N
	immer frühzeitig	*immer auf den letzten Drücker*

THEMA		
Geld	ausgeben	sparen
Ferien	Abenteuer	Erholung
Menschen	gerne Zeit mit anderen verbringen	gerne Zeit allein verbringen
Schlafen	spät zu Bett gehen	früh aufstehen
Ordnung	alles ordentlich und unter Kontrolle	entspannt / unordentlich
Unstimmigkeiten	ausdiskutieren	Frieden halten
TV	ständig anlassen	Gerät am liebsten abschaffen
Entspannen	ausgehen	zu Hause bleiben
Pünktlichkeit	immer frühzeitig	immer auf den letzten Drücker
Pläne	Pläne machen und daran festhalten	spontan und flexibel sein
Organisation	organisiert	nicht organisiert
Entscheidungen	impulsiv	vorsichtig
Familie	sich häufig treffen	sich selten treffen
Freunde	eine ganze Liste	einige wenige, enge Freunde
Musik	am liebsten ständig	nur zu bestimmten Zeiten
Gespräche	kommunikativ	ruhig
Veränderungen	mag Veränderungen	mag keine Veränderungen
Initiative	ergreift gern die Initiative	schließt sich lieber anderen an
Fokus	zielorientiert	beziehungsorientiert

2. Sprecht darüber, wie ihr euch durch eure Unterschiedlichkeiten in eurer Beziehung ergänzen könnt.

Gemeinsam nach Lösungen suchen

Ihr steht beide auf der gleichen Seite.

Sucht nach einer Wir-Lösung.

Drückt, wenn nötig, die „Pause-Taste“:

- ist jetzt der richtige Zeitpunkt?
- ist das der richtige Ort dafür?

Die 10-Uhr-Regel
Einer von euch kann die 10-Uhr-Regel ins Spiel bringen, wenn es spätabends Streit gibt. Es bedeutet, dass die Diskussion unterbrochen und auf einen besseren Zeitpunkt verschoben wird.

> **Um gemeinsam nach einer Lösung zu suchen, braucht es einen Perspektivwechsel, damit ihr euch auf derselben Seite seht, nicht auf gegensätzlichen Seiten. Dann könnt ihr über das Problem sprechen und nach einer Lösung suchen, die für euch beide funktioniert.**

Fünf praktische Schritte zur Problemlösung

1. Sich auf das Problem konzentrieren

Nehmt das Problem zwischen euch beiden weg.

Stellt es vor euch hin und arbeitet gemeinsam daran.

2. Nutzt Ich-Botschaften

Vermeidet Verallgemeinerungen wie z.B.: „Du machst immer …“ – „Du machst nie …“

Beschreibt eure Gefühle, z.B.: „Es ärgert mich, dass …“

3. Hört euch gegenseitig zu

Versucht, den anderen und seine Perspektive zu verstehen.

Wechselt euch beim Reden ab.

4. Tragt Ideen zusammen für mögliche Lösungen

Sprecht über verschiedene Lösungen.

Macht euch eine Liste, wenn euch das hilft.

5. Entscheidet euch für die im Augenblick beste Lösung und findet heraus, ob sie für euch funktioniert.

Wenn sie nicht funktioniert, probiert eine andere Lösung.

Wenn ihr gemeinsam keine Lösung finden könnt, bittet jemanden um Hilfe.

PAARGESPRÄCH 3

10 Minuten

DIE FÜNF SCHRITTE

1. Welche Konfliktlösungsstrategien – erfolgreiche oder weniger erfolgreiche – hast du bei deinen Eltern beobachtet (oder bei anderen Personen, bei denen du aufgewachsen bist)?

2. Was sind die Auslöser für Konflikte in eurer Beziehung?

3. Wodurch eskalieren Konflikte und was hilft jedem von euch, rechtzeitig den „Pause-Knopf" zu drücken?

4. Welcher der fünf Schritte ist für euch jeweils der wichtigste?

Heilung von Verletzungen

Verletzungen in einer Ehe lassen sich nicht vermeiden; sie müssen wieder heilen, damit unsere Beziehung wachsen und sich weiterentwickeln kann.

Es gibt einen einfachen, aber effektiven Weg zur Heilung:

1. Die Verletzung ansprechen

Sage deiner Partnerin oder deinem Partner, wenn sie oder er dich verletzt hat. Vermeide Beleidigtsein, Selbstmitleid und Groll.

Fragt euch regelmäßig: „Gibt es etwas, das zwischen uns steht; etwas, das du mir vergeben musst?"

2. Um Vergebung bitten

Stolz kann einen Menschen daran hindern, sich zu entschuldigen. Sich entschuldigen heißt, die Verantwortung für unsere falschen Worte und Taten zu übernehmen.

Findet ihr es schwierig, eurer Partnerin oder eurem Partner zu sagen, dass sie oder er euch verärgert hat oder euch zu entschuldigen, wenn ihr sie oder ihn verletzt habt?

3. Vergeben

Vergebung ist die größte heilende Kraft in einer Ehe.

Vergebung HEISST NICHT:

- zu vergessen, dass die Verletzung geschehen ist.
- so zu tun, als würde es mir nichts ausmachen.
- das falsche oder verletzende Verhalten der Partnerin oder des Partners erst gar nicht anzusprechen.

Liebe trägt das Böse nicht nach.

— 1. KORINTHER 13,5

Vergebung IST:

- sich mit der Verletzung auseinanderzusetzen
- die eigenen Gefühle wahrzunehmen
- sich zu entscheiden, der Partnerin oder dem Partner die Verletzung nicht mehr vorzuhalten
- Selbstmitleid loszulassen

Vergebung ist zuallererst eine Entscheidung, kein Gefühl.

- durch Vergebung entstehen neue Gefühle
- Vergebung ist ein Prozess – oft müsst ihr einander immer wieder vergeben, manchmal sogar täglich
- Vergebung hilft euch, mit Wut und Groll umzugehen – auch wenn ihr euch vielleicht noch eine Zeit lang verletzt fühlt, bis der Heilungsprozess wirklich abgeschlossen ist

> **“**
>
> **Der Begriff Groll drückt aus, was passiert, wenn der Kreislauf aus Beschuldigungen nicht unterbrochen wird. Wörtlich bedeutet er, „erneut zu fühlen“. Groll klammert sich an die Vergangenheit. Man erlebt das Vergangene wieder und wieder und kratzt den frischen Schorf von der Wunde, so dass sie nie heilt.“**
>
> AUS: „GNADE IST NICHT NUR EIN WORT“ VON PHILIP YANCEY

Ertragt einander und vergebt einander, wenn einer dem anderen etwas vorzuwerfen hat! Wie der Herr euch vergeben hat, so vergebt auch ihr!

— KOLOSSER 3,13

PAARGESPRÄCH 4

15 Minuten

HEILUNG VON VERLETZUNGEN

Tragt in Punkt 1 und 2 alles ein, was euch dazu einfällt.

1. Ich bin verletzt durch das, was du getan / nicht getan / gesagt / nicht gesagt hast, als:

2. Ich denke, du könntest verletzt sein durch das, was ich getan / nicht getan / gesagt / nicht gesagt habe, als:

Zeigt euch gegenseitig eure Notizen und gebt dann wieder, was der Partner oder die Partnerin geschrieben hat. Wenn nötig, geht noch einmal zu Punkt 2 zurück. Macht dann mit Punkt 3 und 4 weiter (jetzt oder auch später).

3. Es tut mir so leid, dass ...

4. Ich entscheide mich, dir zu vergeben, dass ...

Sagt euch abwechselnd, was ihr bei Punkt 3 und 4 notiert habt. Wenn nötig, nehmt euch in der nächsten Woche noch mehr Zeit dafür, diese Fragen miteinander zu klären. Wenn ihr an einer Stelle nicht weiterkommt, bittet jemanden, euch zu helfen.

Paargespräche für Zuhause

„Das Problem zu erkennen und sich auf die Lösung zu konzentrieren, ist oft der wichtigste Schritt, um eine Eskalation des Konflikts zu verhindern."

— Nicky und Sila Lee

Plant euer nächstes Date

	Mo	Di	Mi	Do	Fr	Sa	So
Morgen							
Nachmittag							
Abend							

Du oder ich? Wer ist dran, etwas für uns beide zu organisieren?

Diese Woche könnten wir ....

Gesprächseinstieg für euer nächstes Date

Frage deinen Partner oder deine Partnerin: „Was bringt uns beide zum Lachen?“

Und: „Was können wir machen, um mehr Zeit für gemeinsamen Spaß und Lachen zu haben?“

Was bedeutet Vergebung für dich?

Wie leicht fällt es dir, zu vergeben?

Denke zurück an deine Kindheit. Fallen dir Menschen aus deiner Familie ein, die bei einem Streit mehr wie ein Nashorn oder mehr wie ein Igel reagiert haben?

Sich einigen

Vereinbart einen geeigneten Zeitpunkt und Ort, um über eine wichtige Frage zu sprechen, die zu Unstimmigkeiten zwischen euch führt.

1. Benennt das Problem

2. Wie seid ihr bisher mit diesem Problem umgegangen?

Ich

Du

3. Schreibt beide auf, welches eure größte Sorge oder euer wichtigstes Anliegen in Bezug auf dieses Problem ist.

Ich

Du

Tauscht euch darüber aus, was ihr notiert habt. Wechselt euch beim Reden ab und achtet darauf, den Standpunkt des anderen zu hören, ohne zu kritisieren oder Vorwürfe zu machen.

4. Überlegt euch mögliche Lösungen – und schließt zu diesem Zeitpunkt noch keinen Lösungsvorschlag aus.

1.

2.

3.

4.

5. Sprecht über die Lösungsvorschläge, um herauszufinden, welcher am besten funktionieren könnte.

6. Entscheidet euch für eine Lösung und probiert sie aus. Wenn sich herausstellt, dass sie nicht funktioniert, nehmt euch die Liste wieder vor und versucht es mit einer anderen Lösung.

Einheit 3

Verbindlichkeit

RÜCKBLICK

- Schaut euch die letzte Einheit an und erinnert euch, was ihr entdeckt habt.
- Dann tauscht euch darüber aus, welche eurer Unterschiede Konflikte verursachen und wie ihr euch durch diese Unterschiede in eurer Beziehung ergänzen könnt.

Einheit 3 – Verbindlichkeit

> **Euer gegenseitiges Versprechen ermöglicht es euch, eure Zukunft gemeinsam zu planen; es erlaubt euch, Dinge auszuprobieren, Fehler zu machen, zu vergeben, euch zu trauen, miteinander über alles zu sprechen und euch verletzlich zu machen – Verbindlichkeit ist „das Wesen der Ehe", es ist das Herzstück.**

Verbindlichkeit in der Ehe ermöglicht uns:

1. Freundschaft

In der Ehe wird unsere Sehnsucht nach Verbundenheit und Intimität erfüllt.

Die Ehe ist nicht die einzige Möglichkeit, dem Alleinsein zu entgehen, aber es ist die engste zwischenmenschliche Beziehung, die überhaupt möglich ist.

Es ist nicht gut, dass der Mensch allein ist.

– GENESIS 2,18

Das endlich ist Bein von meinem Bein und Fleisch von meinem Fleisch.

– GENESIS 2,23

2. Familienleben

Für das Aufwachsen von Kindern ist es das Beste, wenn sie eine vertraute, verbindliche und langfristige Beziehung ihrer Eltern erleben.

Die beste Art, das eigene Kind zu lieben, ist, dass die Eltern sich gegenseitig lieben.

Eine starke Ehe kann den Kreislauf gescheiterter Beziehungen in einer Familie beenden.

> **„Es gibt keine perfekte Ehe. Es wird Streit geben oder Meinungsverschiedenheiten, aber worauf es ankommt ist, wieder aufeinander zuzugehen, sich gegenseitig zu vergeben und zu lieben.**
> **Es ist wichtig für Kinder zu erfahren, dass es okay ist, unterschiedliche Meinungen zu haben."**
>
> DR. MOSUN DORGU

PAARGESPRÄCH 1

5 Minuten

DIE VORTEILE EINER EHE

Tauscht euch miteinander aus:

- Welche Bedeutung hat aus deiner Sicht die Ehe für die Gesellschaft?
- Was begeistert dich oder macht dir Angst in Bezug auf die Ehe?

Darum verlässt der Mann Vater und Mutter und hängt seiner Frau an und sie werden ein Fleisch.

— GENESIS 2,24

Eine gleichberechtigte Partnerschaft aufbauen

Jedes Ehepaar muss festlegen:

- wer was macht
- wer was entscheidet
- wer in den unterschiedlichen Bereichen der Ehe die Führung übernimmt

Ihr habt vielleicht bestimmte Vorstellungen durch das Vorbild eurer Eltern oder anderer wichtiger Vorbilder übernommen.

Redet über eure Erwartungen an eure Partnerschaft.

Welche Vorstellungen hast du durch die Ehe deiner Eltern oder anderer Vorbilder für dich übernommen?

Einer ordne sich dem anderen unter in der gemeinsamen Furcht Christi.

– EPHESER 5,21

Sich einander unterordnen

Ein Modell aus dem Neuen Testament

- ein radikal neuer Weg des Zusammenlebens
- erfordert gegenseitige Hingabe (siehe Anhang 2)
- verwirft die Vorstellung von männlicher Dominanz

> **Die christliche Lehre hat zu einer Ehebeziehung geführt, die als eine gleichberechtigte Partnerschaft aus gegenseitiger Hingabe angesehen wird.**

Sich unterzuordnen bedeutet nicht, passiv zu sein

- es ist das Gegenteil von Kontrolle
- es bedeutet, den Partner oder die Partnerin an die erste Stelle zu setzen
- die Bedürfnisse des anderen über die eigenen Bedürfnisse zu stellen

Entdeckt, welche Verantwortlichkeiten am besten zu wem passen, um

- eure Unterschiedlichkeiten einzusetzen, um einander zu dienen
- in einigen Bereichen die Führung und Initiative zu übernehmen
- in anderen Bereichen den Partner zu unterstützen

Auf diese Weise zu lieben bedeutet, die Initiative zu ergreifen und zugunsten des anderen Opfer zu bringen.

> **Gegenseitige Unterordnung ist der Schlüssel zu einer liebevollen Ehe.**

Ihr Männer, liebt eure Frauen, wie auch Christus die Kirche geliebt und sich für sie hingegeben hat.

— EPHESER 5,25

PAARGESPRÄCH 2

10 Minuten

AUFGABEN UND ZUSTÄNDIGKEITEN

1. Jeder notiert bis zu sechs Bereiche, für die sie oder er hauptverantwortlich sein möchte.

z.B.: Badezimmer putzen, Müll rausbringen, kochen, Rechnungen bezahlen, Urlaub planen, waschen und bügeln, an Geburtstage denken, Briefe schreiben, Auto, Dinge im Haus reparieren, Geld verdienen, Gartenarbeit, sich um Versicherungen u.ä. kümmern, einkaufen ...

1.   4.

2.   5.

3.   6.

2. Jeder notiert bis zu sechs Bereiche, für die eurer Ansicht nach die Partnerin oder der Partner verantwortlich sein soll.

1.   4.

2.   5.

3.   6.

3. Jeder notiert bis zu sechs Bereiche, für die ihr gerne gemeinsam mit dem anderen verantwortlich sein wollt.

1.   4.

2.   5.

3.   6.

4. Wenn ihr damit fertig seid, vergleicht eure Listen.

5. In welchem dieser Bereiche würdest du von deiner Partnerin oder deinem Partner erwarten, dass sie oder er die Führung übernimmt?

Der Ehebund

Der Bund, den ihr eingeht, wenn ihr heiratet, ist die Entscheidung, euch dem anderen völlig und in Liebe zu schenken und dann diese Entscheidung Tag für Tag zu erneuern.

> **Der Ehebund hält ein Paar zusammen, wenn sie schwere Zeiten durchmachen, die jedes Paar erleben wird.**

Das Eheversprechen bringt enorme Sicherheit und gibt euch einen geschützten Raum

- in dem ihr euch einander öffnen und euch verletzlich machen könnt
- in dem ihr euch trauen könnt, euch dem Partner so zu zeigen, wie ihr wirklich seid (auch mit den Seiten, die ihr bisher so gut vor anderen verborgen habt); so entsteht echte Intimität
- in dem ihr nicht danach fragt, was euer Partner für euch tun kann, sondern was ihr für den Partner tun könnt

Frage deinen Partner jeden Tag: „Wie kann ich deinen Tag schöner machen?"

PAARGESPRÄCH 3
10 Minuten

DAS EHEVERSPRECHEN
Lest euch zusammen das Eheversprechen durch und überlegt, welches der wichtigste Satz für jeden von euch ist. Erklärt euch gegenseitig, warum (siehe Anhang 3).

Liebe und Wahrheit haben sich verbündet …

— PSALM 85,10

Der Umgang mit Finanzen

Zur Ehe gehört, alles miteinander zu teilen.

Jedes Paar muss sich Zeit nehmen, um über die Finanzen zu reden.

Denkt über eure unterschiedlichen Einstellungen zu Geld nach:

- gibst du dein Geld lieber aus oder sparst du es lieber?

Ein Haushalts-Budget erstellen
(siehe Anhang 4)

- berechnet euer Gesamteinkommen
- berechnet oder schätzt eure Ausgaben
- besprecht, wieviel ihr ausgeben / sparen / spenden wollt

Wenn du Schulden hast oder merkst, dass deine Ausgaben außer Kontrolle geraten, suche dir Hilfe.

Vergleicht eure Einstellung zu Geld; fragt euch:

- fasziniert oder langweilt mich das Thema Geld?
- bedrückt oder beruhigt es mich?
- finde ich es spannend oder weckt es Schuldgefühle?
- ist etwas außer Kontrolle geraten?

> **Als Ehepaar sollten wir eine dynamische Partnerschaft entwickeln, in der beide ihre Erfahrung und Weisheit im Umgang mit unseren Finanzen einbringen und so ein Team werden.**

PAARGESPRÄCH 4

10 Minuten

ÜBER EURE FINANZEN SPRECHEN

Beantwortet jeder für sich die folgenden Fragen und tauscht euch dann darüber aus.

1. Beschreibe deine Einstellung zum Einkaufen (bitte ankreuzen):

- ☐ macht mir Spaß
- ☐ mag Schaufensterbummel
- ☐ impulsiv
- ☐ mag nur Geld ausgeben für ...
- ☐ kaufe gerne Geschenke
- ☐ Einkaufen als Ablenkung
- ☐ kaufe nur das Nötigste
- ☐ vermeide Einkäufe, wenn möglich

2. Hast du Angst, dass dir irgendwann das Geld ausgeht? Ja Nein

3. Wollt ihr ein gemeinsames Konto haben? Ja Nein

4. Wollt ihr getrennte Konten beibehalten? Ja Nein

5. In welchem Verhältnis möchtest du Geld ausgeben, spenden und sparen?

6. Werdet ihr ein Haushaltsbudget aufstellen? Ja Nein

7. Kannst du mit einer Kreditkarte umgehen? Ja Nein

8. Hast du Schulden? Ja Nein

9. Wie viel sollte jeder von euch ausgeben dürfen, ohne sich vorher mit dem anderen abzusprechen?

10. Wer wird sich um die Finanzen kümmern?

Gemeinsam Mann Frau

Die Beziehung zu unseren Familien

1. Verlassen

Wenn ihr heiratet, muss sich die Beziehung zu euren Eltern ändern. Sie kann nicht mehr so sein wie zu der Zeit, als ihr aufgewachsen seid.

- eure Ehe hat Vorrang
- eure Loyalität gilt in erster Linie eurer Partnerin oder eurem Partner

Ihr dürft nicht unterschätzen, was für eine massive Veränderung dies bedeutet, besonders wenn es bei einem von euch eine anhaltende emotionale Abhängigkeit von einem Elternteil gibt oder umgekehrt.

Eure Ehebeziehung wird zu eurem neuen „Gravitationszentrum"

- eure erste Adresse, wenn ihr Trost, Sicherheit und Zuwendung benötigt
- eine neue Entscheidungszentrale

> **Trefft eure eigenen Entscheidungen und unterstützt euch gegenseitig, auch wenn es scheinbar kleine und banale Dinge sind.**

2. Die Eltern respektieren und ehren

Eurer Ehe Vorrang einräumen bedeutet nicht, dass ihr eure Eltern nicht mehr lieben oder respektieren sollt.

Wenn ihr Grenzen ziehen müsst, tut das so freundlich und einfühlsam wie möglich.

Zeige deinen Eltern Dankbarkeit für alles, was sie für dich tun und getan haben.

Bleibe mit ihnen in Verbindung

- ergreift selbst die Initiative
- entscheidet gemeinsam, wie intensiv ihr in Kontakt mit euren Eltern und Schwiegereltern sein möchtet

PAARGESPRÄCH 5

10 Minuten

ELTERN UND SCHWIEGERELTERN

Tauscht euch als Paar über die folgenden Fragen aus:

In welchem dieser Bereiche könnte es Spannungen oder Konflikte mit euren Eltern oder Schwiegereltern geben:

1. Ferien
2. Weihnachten / andere Feiertage
3. Finanzen
4. Einmischung
5. Häufigkeit von Besuchen
6. Länge von Telefonaten
7. Veränderte Loyalität
8. Anderes, und zwar …

Wie können wir diese Punkte klären?

> **Ihr solltet als Paar gute Beziehungen zu euren Eltern und Schwiegereltern anstreben, in denen ihr euch gegenseitig unterstützt. Ihr solltet euch weder von ihnen kontrollieren, noch sie einfach links liegen lassen.**

Paargespräche für Zuhause

„Ich weiß, dass die Achterbahn meiner Gefühle kein guter Indikator für den Zustand unserer Ehe ist. Was wirklich funktioniert, ist, unsere Ehe wie unseren wertvollsten Besitz zu behandeln und Zeit in sie zu investieren."

— Miles Protter

Plant euer nächstes Date

	Mo	Di	Mi	Do	Fr	Sa	So
Morgen							
Nachmittag							
Abend							

Du oder ich? Wer ist dran, etwas für uns beide zu organisieren?

Diese Woche könnten wir ....

Gesprächseinstieg für euer nächstes Date
Frage deinen Partner oder deine Partnerin:
Wenn Geld keine Rolle spielen würde, um ein unvergessliches Date für uns zu planen, würde ich ...

Ich fühle mich von dir geliebt, wenn du ...

> **Zu einer gesunden Ehe gehört eine gleichberechtigte Beziehung, in der wir uns beide mit unseren Stärken einbringen.**

Entscheidungen treffen

Schreibe in die linke Spalte, wer was entschieden hat in der Ehe deiner Eltern (oder anderer Vorbilder) und wer wie viel Einfluss auf die Entscheidung hatte (in Prozent, z.B. 50:50 oder 70:30 oder 90:10). In die rechte Spalte schreibst du deine Erwartungen für eure eigenen Ehe.

Tauscht euch anschließend darüber aus. (Wenn du bei einem alleinerziehenden Elternteil aufgewachsen bist, fülle nur die rechte Spalte aus.)

Meine Eltern		**Entscheidungen**	**Wir**	
Vater	**Mutter**		**Mann**	**Frau**
		ein neues Auto kaufen		
		wo wir wohnen werden		
		Möbel kaufen		
		Geschirr kaufen		
		eigene Kleidung auswählen		
		wohin wir in Urlaub fahren		
		wie wir die Wohnung dekorieren		
		welche Bilder wir aufhängen		
		wie wir unsere Kinder erziehen		
		TV-Programm auswählen		
		was wir essen		
		wie viele Kinder wir haben möchten		
		Berufstätigkeit des Mannes		
		Berufstätigkeit der Frau		
		wie wir unser Geld ausgeben		

Einheit 4

Verbundenheit

RÜCKBLICK

- Frage deine Partnerin oder deinen Partner, was sie oder er aus Einheit 3 am hilfreichsten für eure Beziehung fand.

Einheit 4 – Verbundenheit

> **Wie halten wir unsere Liebe in der Ehe lebendig und bleiben ein Leben lang verbunden?**

Gemeinsam Zeit verbringen

Die Liebe lebendig zu halten ist eine bewusste Entscheidung. Es bedeutet:

- die Initiative zu ergreifen
- in eure Freundschaft zu investieren
- gute Gewohnheiten entwickeln, um jeden Tag in Verbindung zu bleiben

Vorteile eines wöchentlichen Dates:

- regelmäßige Gelegenheit für effektive Kommunikation
- hält Romantik, Liebe, Spaß und Freundschaft in der Ehe lebendig

> **Wenn ihr eure Handys und andere Medien beiseitelegt und eure Aufmerksamkeit auf euren Partner konzentriert, sendet ihr die starke Botschaft: „Du bist mir wertvoller als alles andere."**

Tipps für regelmäßige Dates:

Verabredet euch für mindestens 2 Stunden pro Woche, um etwas gemeinsam zu unternehmen, das euch beiden Spaß macht.

- plant im Voraus (tragt die Termine für die nächsten 3 Monate in eure Kalender ein)
- macht immer wieder etwas Besonderes, egal ob ihr zu Hause bleibt oder miteinander ausgeht

Gebt euren Dates Priorität vor allen anderen Anforderungen

- schützt diese Zeit vor Unterbrechungen (Freunde, Familie, Handy)
- legt die Latte nicht zu hoch; ein Date muss nicht teuer sein

Seid kreativ; unternehmt immer wieder etwas anderes (Ort und Zeit)

- legt Handys und andere Medien beiseite

PAARGESPRÄCH 1

10 Minuten

DIE FREUNDSCHAFT VERTIEFEN

Jeder erstellt eine Liste von sechs Dingen, die sie oder er gern mit dem anderen macht:

1.
2.
3.
4.
5.
6.

Vergleicht, was ihr geschrieben habt. Wie könnt ihr dafür sorgen, dass ihr diese Dinge auch nach 5, 10 oder 15 Jahren Ehe noch miteinander macht?

Die Bedürfnisse des Partners erkennen

Herauszufinden, wodurch sich der Partner geliebt fühlt, stärkt eure Verbundenheit und lässt eure Liebe wachsen.

Ihr könnt sehr verschieden darin sein, wie ihr Liebe ausdrückt und wie ihr Liebe selbst erleben möchtet.

Die fünf Sprachen der Liebe[1]

1. Liebevolle Worte

2. Geschenke

3. Zärtlichkeit

4. Zeit zu zweit

5. Hilfsbereitschaft

Alle fünf Wege, Liebe auszudrücken, sind wichtig für jede Ehe, aber oft gibt es einen oder zwei Wege, welche Liebe in genau der Weise ausdrücken, wie wir sie verstehen.

Oft unterscheidet sich die Liebessprache unseres Partners von unserer eigenen.

- zu lernen, dem anderen unsere Liebe auf bessere Weise zu zeigen, kann uns wie das Erlernen einer Fremdsprache vorkommen
- es erfordert Einsatz, Disziplin und Übung

[1] Das Konzept der Fünf Sprachen der Liebe gründet auf dem Bestseller von Dr. Gary Chapman The 5 Love Languages ® The Secret of Love That Lasts (2015), erschienen bei Northfield Publishing. Mit freundlicher Genehmigung.
„Die fünf Sprachen der Liebe" ist in deutscher Sprache erschienen im Verlag der Francke Buchhandlung, Marburg.

PAARGESPRÄCH 2

15 Minuten

EURE LIEBESSPRACHEN ENTDECKEN

Jeder notiert sechs konkrete Situationen, in denen ihr euch besonders von eurem Partner geliebt gefühlt habt.

Ich habe mich von dir geliebt gefühlt, als ...

1.
2.
3.
4.
5.
6.

Nun versucht jeder, anhand dieser Beispiele die fünf Liebessprachen für sich in eine Reihenfolge zu bringen. Dann überlegt, in welcher Reihenfolge sie auf euren Partner zutreffen. Wenn ihr beide damit fertig seid, zeigt euch eure Ergebnisse.

Du **von 1 bis 5** *(1 = am wichtigsten)*	**Liebe ausgedrückt durch:**	**Dein Partner** **von 1 bis 5** *(1 = am wichtigsten)*
	Worte	
	Zeit	
	Geschenke	
	Berührungen	
	Taten	

Tauscht euch darüber aus und korrigiert die Spalte für euren Partner, wenn er oder sie eine andere Reihenfolge eingetragen hat.

Ihr könnt einen kurzen Fragebogen auf **www.5lovelanguages.com** machen, um die Reihenfolge eurer Liebessprachen zu bestätigen.

Wie ihr eure sexuelle Beziehung entwickeln könnt

Sex bindet uns aneinander, nicht nur körperlich, sondern auch emotional, psychisch und sogar geistig.

> **Stellt euch eure sexuelle Beziehung als eine lebenslange Entdeckungsreise vor.**

Guter Sex ist **wir-orientiert**, nicht ich-orientiert.

Wie ihr eine gute sexuelle Beziehung in der Ehe aufbauen und erhalten könnt:

1. Bringt eure Herzen in Einklang

Bleibt im Gespräch

- das kann schwierig sein, weil es sehr persönlich ist und wir uns dabei verletzlich machen
- sagt euch gegenseitig, was euch erregt und was nicht
- gebt euch nicht mit Rätselraten zufrieden

Zieht einen Schlussstrich unter frühere sexuelle Beziehungen

- frühere Beziehungen können zu Eifersucht und Misstrauen führen
- seid ehrlich miteinander
- wenn nötig, beendet und löscht die Kontakte auf den sozialen Medien zu Personen, die ihr früher anziehend fandet; löscht alte E-Mails und trennt euch von Briefen, Fotos etc.
- vielleicht müsst ihr euch auch bei eurem Partner oder eurer Partnerin entschuldigen und euch gegenseitig vergeben

2. Bewahrt einen klaren Kopf

Guter Sex hat sehr viel mit eurer seelischen Verfassung zu tun.

- füllt eure Gedanken mit dem, was schön, ehrbar und respektvoll ist in Bezug auf Sex
- sprecht über eure Erwartungen und möglichen Ängste

Probleme, die durch ein sexuelles Trauma oder Missbrauch entstanden sind, benötigen professionelle Hilfe (fragt eure Kursleiter um Rat).

- wenn ihr in eurer sexuellen Beziehung Probleme habt, kehrt es nicht unter den Teppich
- sprecht darüber
- lest gemeinsam ein Buch über Sex (fragt eure Kursleiter)
- sucht euch – wenn nötig – professionelle Hilfe

> **Die meisten sexuellen Probleme lassen sich lösen.**

Pornografiekonsum hat einen zerstörerischen Einfluss und wirkt sich negativ auf die sexuelle Beziehung eines Paares aus. Wenn Pornografie ein Problem in eurer Beziehung ist, sprich deinen Partner ehrlich und möglichst ohne ihn zu verurteilen darauf an.
Wenn du anfängst, etwas zu unternehmen, um deine unguten Gewohnheiten zu ändern, wird das einen positiven Einfluss auf eure Beziehung und die Sexualität in eurer Ehe haben.

Ein geringes Selbstwertgefühl und eine negative Wahrnehmung des eigenen Körpers beeinflussen die sexuelle Reaktion.

- Baut das Selbstvertrauen eures Partners auf.
- Macht Komplimente über den Körper eures Partners.

> **Sex beeinflusst alle anderen Bereiche unserer Ehe und diese beeinflussen wiederum unsere sexuelle Intimität.**

PAARGESPRÄCH 3

10 Minuten

ÜBER SEX SPRECHEN TEIL 1

Vervollständigt die folgenden Sätze (jeder für sich) und tauscht euch dann darüber aus.

Unsere Herzen in Einklang bringen

Ich mache mir Sorgen ...
Zum Beispiel: *über deine Erwartungen an mich / weil ich mich verletzlich fühle, wenn wir über Sex sprechen / wegen einer zurückliegenden sexuelle Beziehung / über Verhütung und Familienplanung / dass du mich nackt siehst*

Den Kopf frei kriegen

Mein Denken über Sex wird beeinflusst von ...
Zum Beispiel: *wie ich aufgewachsen bin / negative Botschaften über Sex von ... / erlittenes Trauma oder schlechte Erfahrung / geringes Selbstwertgefühl / Pornografie*

3. Unser Körper in Einklang bringen

Es gibt oft erhebliche Unterschiede zwischen Mann und Frau in Bezug auf die sexuelle Erregung.

- Nehmt euch ausreichend Zeit.

Eine vertrauensvolle Atmosphäre schaffen

- Guter Sex hängt auch davon ab, ob ihr euch in anderen Bereichen eurer Beziehung weiterentwickelt.

Beim Sex geht es darum, euch einander körperlich zu schenken.

- Das Ehe-Versprechen schafft eine starke Vertrauensbasis.

Vier praktische Tipps

1. Plant regelmäßig Zeit für euer Liebesleben ein

- häufig genug, um eng verbunden zu bleiben
- ergreift die Initiative
- gebt eurem Liebensleben Priorität vor anderen Dingen

2. Macht es euch schön im Schlafzimmer

- macht es zu einem Ort, an dem ihr euch entspannt und sicher fühlt
- verbannt Handys und alle Bildschirmgeräte aus dem Schlafzimmer

3. Seid kreativ

- redet darüber, was ihr mögt und was euch gefallen könnte
- vermeidet die immer gleiche Routine
- seid erfinderisch, aber stets zärtlich und respektvoll miteinander

4. Plant ab und zu eine Nacht zu zweit außerhalb von Zuhause

- findet andere Orte und Gelegenheiten

PAARGESPRÄCH 4

10 Minuten

ÜBER SEX SPRECHEN (TEIL 2)

Vervollständigt den folgenden Satz. Dann tauscht euch darüber aus.

Unsere Körper in Einklang bringen

Ich würde gern mit dir darüber sprechen ...
Zum Beispiel: *wie unterschiedlich wir sexuell erregt werden / mit dem Sex bis zur Ehe zu warten / wie regelmäßig wir Sex haben (werden) / unser Schlafzimmer / über ein kreatives Liebesleben*

Stört die Liebe nicht. Weckt sie nicht, bis es ihr selbst gefällt!

– HOHESLIED 2,7 / 3,5 / 8,4

Paargespräche für Zuhause

„Romantik ist die Brücke zwischen unserem Alltag und dem privaten Bereich unserer Sexualität.“

— Nicky und Sila Lee

Plant euer nächstes Date

	Mo	Di	Mi	Do	Fr	Sa	So
Morgen							
Nachmittag							
Abend							

Du oder ich? Wer ist dran, etwas für uns beide zu organisieren?

Diese Woche könnten wir ....

Gesprächseinstieg für euer nächstes Date

Fragt euch gegenseitig: „Wieviel Zeit würdest du gern pro Woche mit anderen Menschen verbringen und wieviel Zeit nur mit mir?"

Fragt euch gegenseitig: „Wie sieht für dich ein perfektes Wochenende aus?"

Zeiten ohne den Partner

Wir brauchen eine Balance für die Zeiten mit und ohne den Partner.

Es gibt zwei Gefahren:

1. Zu viel Zeit getrennt voneinander verbringen
2. Zu wenig Zeit und Raum für die eigenen Interessen haben

Schreibe deine persönlichen Interessen auf, denen du auch in Zukunft ohne den Partner nachgehen möchtest:

1.
2.
3.

Wie häufig wäre das und wieviel Zeit würde das beanspruchen?

1.
2.
3.

Welche persönlichen Interessen wird dein Partner vermutlich beibehalten?

1.
2.
3.

Wie häufig wäre das und wieviel Zeit würde das beanspruchen?

1.
2.
3.

Zum Schluss vergleicht eure Antworten und tauscht euch darüber aus.

Einheit 5

Abenteuer

RÜCKBLICK

- Versucht, euch an die Liebessprachen der Partnerin oder des Partners zu erinnern, in der Reihenfolge ihrer Bedeutung. (Tipp: Schaut euch das Paargespräch 2 in Einheit 4 nochmal an.)

Einheit 5 – Abenteuer

Die Ehe bietet uns die großartigsten Möglichkeiten im Leben und zugleich die größten Herausforderungen:

- **die Möglichkeit,** die engste und intimste Beziehung überhaupt einzugehen, die nicht nur uns selbst Vorteile bringt, sondern weit darüber hinausgeht.
- **die Herausforderung,** zu lernen, was es bedeutet, einen anderen Menschen aufrichtig und uneigennützig zu lieben; mehr und mehr herauszufinden, was für unseren Partner wichtig ist und das eigene Verhalten daran anzupassen.

Gibt es Dinge, die ich zugunsten unserer Partnerschaft ändern müsste?

Ein Team werden

1. Wertschätzung zeigen

Keine Ehe überlebt auf Dauer einen Mangel an Wertschätzung.

Zeigt euch gegenseitig Wertschätzung, auch wenn euch nicht danach ist.

Tägliche Wertschätzung hilft eurem Partner, sein ganzes Potential zu entfalten und stärkt sein Selbstvertrauen.

> "
>
> **Für jede kritische Bemerkung braucht es mindestens fünf positive.**
>
> DR. JOHN GOTTMAN

PAARGESPRÄCH 1

10 Minuten

WERTSCHÄTZUNG AUSDRÜCKEN

Schreibt eine Liste der Stärken eurer Partnerin oder eures Partners und was ihr an ihr oder ihm am meisten bewundert:

1.
2.
3.
4.
5.
6.

Wenn ihr damit fertig seid, lest es euch abwechselnd vor.

> **Je mehr Dankbarkeit wir DEM ANDEREN zeigen, umso dankbarer werden wir FÜREINANDER.**

2. Unrealistische Erwartungen loslassen

Die Ehe kann nicht alle unsere Bedürfnisse erfüllen.

Unsere Partner werden uns niemals auf perfekte Art lieben.

Wir müssen unsere Partner so akzeptieren, wie sie sind.

Unrealistische Erwartungen führen zu einer Abwärtsspirale aus Forderungen, Enttäuschung, Vorwürfen und Kritik.

Wenn wir Perfektion erwarten, werden wir niemals zufrieden sein.

3. Bereit sein, sich zu ändern

Wir können uns selbst ändern, aber nicht unseren Partner.

> **Eurem Partner in kleinen und großen Dingen zu zeigen, dass ihr bereit seid, euer Verhalten zu ändern, anstatt darauf zu drängen, dass sie oder er sich ändert, ist eine starke Liebeserklärung.**

4. Überreaktionen erkennen

Wenn unser Partner einen wunden Punkt berührt, kann es sein, dass wir überreagieren,

- was häufig aufgrund von schlechten Erfahrungen passiert, die wir in der Vergangenheit gemacht haben
- und dazu führt, dass wir entweder angreifen (wie ein Nashorn) oder uns zurückziehen (wie ein Igel).

Wir müssen uns ansehen, wie wir reagieren, und uns fragen:

- *„Ist das sinnvoll?“,*
- *„Ist das angemessen in dieser Situation?“*

Veränderung ist möglich:

- Dazu brauchen wir Mut.
- Es erfordert ein bewusstes Wahrnehmen.
- Dazu gehört auch, dass wir uns verletzlich machen und darüber reden, warum ihr so reagieren.
- Vielleicht müssen wir denen vergeben, die uns verletzt oder im Stich gelassen haben.

PAARGESPRÄCH 2

15 Minuten

ÜBER EURE KINDHEIT NACHDENKEN

1. Beschreibt typische Situationen, in denen ihr überreagiert.

Zum Beispiel: *„Ich werde ärgerlich und zickig, wenn man mich hetzt."*

2. Erklärt mögliche Gründe dafür, wenn sie euch bewusst sind.

Zum Beispiel: *„Es erinnert mich daran, wie mein Vater uns morgens immer aus dem Haus zur Schule gescheucht hat und wie er mich dabei angeschrien hat. Ich war wütend auf ihn und hatte nie einen guten Start in den Tag."*

3. Überlegt, ob es jemanden aus eurer Vergangenheit gibt, dem ihr vergeben solltet.

Zum Beispiel: *„Ich sollte meinem Vater vergeben, dass er morgens immer so wütend und ungeduldig war."*

4. Sagt euren Partnern, wie sie euch helfen können, solche Überreaktion in Zukunft zu vermeiden.

Zum Beispiel: *„Gib mir morgens immer genügend Zeit, um mich fertig zu machen. Falls wir uns verspäten, versuch, nicht zu schimpfen oder zu schreien."*

Zeigt dem anderen, was ihr notiert habt und besprecht, wie ihr euch gegenseitig helfen könnt.

Gemeinsame Prioritäten festlegen

Eure Prioritäten im Leben werden von euren Werten bestimmt.

Vielleicht habt ihr sehr unterschiedliche Persönlichkeiten, doch solange ihr ähnliche Werte habt und in euren Prioritäten übereinstimmt, werdet ihr in der Lage sein, eine starke Ehe aufzubauen.

Sprecht über eure Träume, Ziele, Hoffnungen und Sehnsüchte.

- Nehmt euch Zeit dafür, eure Ziele für die verschiedenen Lebensbereiche nach ihrer Priorität zu ordnen.

> **Den Menschen und Werten, die euch am meisten bedeuten, Priorität einzuräumen, geschieht nicht von allein – ihr müsst euch bewusst dafür entscheiden.**

Vier Bereiche, auf die eure Prioritäten unmittelbar Einfluss haben:

1. Freundschaften

- Kapselt euch nicht ab als Paar.
- Schützt eure Beziehung vor jeder anderen Beziehung, die ihr schaden könnte.
- Zieht rechtzeitig Grenzen, um euch vor Affären zu schützen.

2. Kinder und Familienleben

- Sprecht darüber, ob ihr Kinder wollt oder nicht.
- Nehmt euch immer genügend Zeit füreinander.

3. Arbeit

- Konkurriert nicht miteinander, sondern unterstützt euch gegenseitig.
- Sprecht darüber, wie ihr ggf. Beruf und Kinder vereinbaren wollt.

4. Spiritualität

- Euch mit euren tiefsten Überzeugungen auseinanderzusetzen, kann euch näher zusammenbringen.
- Sprecht darüber, welchen Glauben und welche Werte ihr an eure Kinder weitergeben möchtet.
- Gemeinsam zu beten, verbindet euch als Paar und verbindet euch mit Gott.

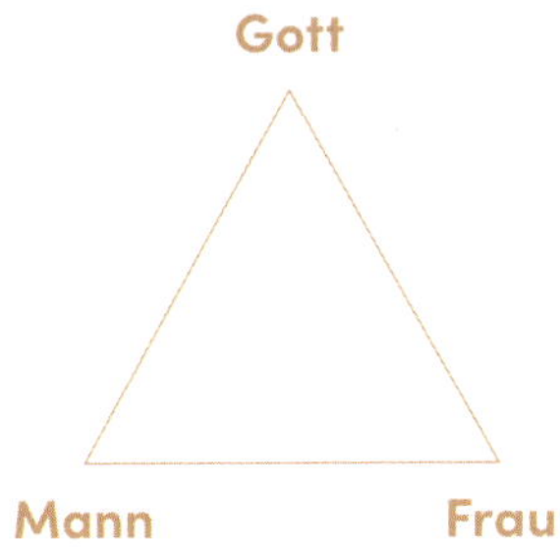

Wenn jeder von euch Liebe, Vergebung und Sinnerfüllung von Gott erwartet und erfährt, fällt es euch leichter, euch gegenseitig zu lieben.

Sich gegenseitig unterstützen

Überlegt, ob ihr füreinander beten möchtet

- Täglich beten – fragt: „Wofür kann ich heute für dich beten?"
- Konzentriert euch auf die Bedürfnisse des anderen.
- Betet immer wieder für die gleichen Dinge, wenn eure Partnerin oder euer Partner euch darum bittet.
- Startet mit Dankbarkeit.
- Beten geschieht nicht einfach so – ihr müsst es planen.

Wenn ihr nicht beten möchtet, fragt eure Partner „Wie kann ich dich heute am besten unterstützen?"

„Eine dreifache Schnur reißt nicht so schnell."

— PREDIGER 4,12

PAARGESPRÄCH 3

10 Minuten

EURE PRIORITÄTEN BESTIMMEN

Versucht, eine Liste eurer fünf wichtigsten Prioritäten für euch als Paar zu erstellen – zuerst jede und jeder für sich. Vergleicht dann eure Notizen und tauscht euch aus.

Schreibt zu jeder Priorität ein praktisches Beispiel auf, wie ihr das in eurem gemeinsamen Leben umsetzen wollt.

Nutzt gern die Liste der Beispiele als Anregung, aber lasst euch dadurch nicht einschränken:
Gesundheit, Kreativität, eine gute Ehe, Sport, Ausbildung/Studium/Beruf, guter Umgang mit Geld und Besitz, gesellschaftliches Engagement, Abenteuer, Spaß, Gastfreundschaft, Freundschaften, Umweltschutz, Kinder ins Leben begleiten, Fortbildung, Spiritualität/Beziehung zu Gott, Familie und Verwandte, Großzügigkeit, kirchliche Aktivitäten

Beispiele, einen Wert praktisch auszuleben:
Beziehung zu Gott: Jeden Morgen füreinander beten.
Eine gute Ehe: Einmal in der Woche etwas einplanen, was beiden Spaß macht.

Priorität	Wie wir das umsetzen wollen
1.	:
2.	:
3.	:
4.	:
5.	:

Abenteurer und Bewahrer

Wer von euch ist mehr der abenteuerliche und wer ist eher der bewahrende Typ?

> **In jeder Ehe muss es Platz für beides geben: Abenteuer und Bewahren. Wenn ihr das schafft, dass diese beiden Kräfte gut miteinander arbeiten, wird die Ehe selbst zu einem der größten Abenteuer.**

Abenteurer

Möchte aus allen Möglichkeiten, die das Leben zu bieten hat, das Beste herausholen.

Sieht die Ehe selbst als ein gemeinsames Abenteuer.

Bewahrer

Betrachtet die Ehe als eine sichere Basis, zu der sie oder er nach bestandenen Abenteuern oder den Herausforderungen des Lebens immer wieder zurückkehren kann.

Bewahrer bringen Beständigkeit und Routine in die Beziehung.

Die verschiedenen Stile lassen sich keinem Geschlecht zuordnen.

Abenteurer und Bewahrer leisten beide einen wichtigen Beitrag für die Beziehung:

- **zu wenig Abenteuer lässt eure Beziehung stagnieren und langweilig werden.**
- **zu viel Abenteuer kann eure Beziehung überstrapazieren.**

Es ist eure Verantwortung als Paar, beides wertzuschätzen: Die Energie, die das Abenteuer mit sich bringt, und der sichere Ort, der euch Erholung bietet.

> “
>
> **Jeder Mensch sucht zwei Dinge im Leben: Abenteuer und Sicherheit.**
>
> G. K. CHESTERTON

PAARGESPRÄCH 4

10 Minuten

ABENTEURER ODER BEWAHRER

Markiert mit euren Initialen, an welcher Stelle auf der Linie zwischen den beiden Gegensätzen ihr euch und euren Partner seht.

Tauscht euch anschließend darüber aus.

ABENTEURER	**BEWAHRER**
Neue Freunde	Dieselben Freunde
Neue Orte entdecken	Ein sicheres Zuhause schaffen
Genießt Veränderung	Genießt Routine
Liebt es zu reisen	Rührt sich nicht vom Fleck
Neue Urlaubsorte entdecken	Zum gleichen Ort zurückkehren
Legt sich nicht gern fest	Braucht Gewissheit
Liebt Überraschungen	Mag keine Überraschungen
Genießt Abwechslung	Bevorzugt die Komfortzone
Mag flexible Arbeitszeiten	Mag feste Arbeitszeiten
Energiegeladen	Entspannt
Verfolgt neue Interessen	Bevorzugt gewohnte Interessen
Liebt es, aufzubrechen	Liebt es, nach Hause zu kommen
Ständig unter Strom	Mag es eher ruhig
Braucht ausreichend Aktion	Braucht ausreichend Schlaf
Geht Risiken ein	Vermeidet Risiken
Mehr aufgabenorientiert	Mehr beziehungsorientiert
Immer dabei, Neues auszuprobieren	Hält sich lieber an Bekanntes

- Sprecht darüber, ob einer von euch mehr auf der Abenteurer- und der andere eher auf der Bewahrer-Seite steht.
- Überlegt, ob eure Beziehung mehr von der einen oder der anderen Seite benötigt.
- Sprecht darüber, wie gut ihr euch gegenseitig ausbalanciert.

> **Wenn ihr die Tools in diesem Kurs anwendet – miteinander reden, gut zuhören, die richtigen Liebessprachen sprechen, gegenseitige Wertschätzung zeigen, eure gemeinsamen Ziele und Werte ausleben - dann baut ihr eine starke Liebesbeziehung auf, die auch den stärksten Stürmen standhalten wird.**

Leg mich wie ein Siegel auf dein Herz, wie ein Siegel auf deinen Arm, denn stark wie der Tod ist die Liebe, die Leidenschaft ist hart wie die Unterwelt! Ihre Gluten sind Feuergluten, gewaltige Flammen. Mächtige Wasser können die Liebe nicht löschen, auch Ströme schwemmen sie nicht hinweg. Böte einer für die Liebe den ganzen Reichtum seines Hauses, nur verachten würde man ihn.

– HOHESLIED 8,6-7

Paargespräche für Zuhause

„Egal wie lange wir verheiratet sind,
wir werden den anderen nie ganz kennen –
es wird immer etwas Neues zu entdecken
und mehr und mehr zu schätzen geben."

— Nicky und Sila Lee

Plant euer nächstes Date

	Mo	Di	Mi	Do	Fr	Sa	So
Morgen							
Nachmittag							
Abend							

Du oder ich? Wer ist dran, etwas für uns beide zu organisieren?

Diese Woche könnten wir ....

Ideen für unsere nächsten Dates diesen Monat ...

1.
2.
3.
4.

Gesprächseinstieg für euer nächstes Date
Ergänzt den Satz: „Wenn ich an uns beide in zwanzig Jahren denke, freue ich mich am meisten auf ...“

Drei Dinge, die ich an dir am meisten bewundere …

Praktische Umsetzung

Drei Dinge, die ich aus dem Ehe-Vorbereitungskurs mitnehmen und in die Praxis umsetzen will:

1.

2.

3.

Zeig deinem Partner, was du geschrieben hast.

Frage jetzt sie oder ihn: „Welche drei Dinge wünschst du dir von mir, die ich aus dem Ehe-Vorbereitungskurs mitnehmen und in die Praxis umsetzen soll?"
Notiere sie hier:

1.

2.

3.

Anhang 1

Bereit zur Ehe?

(siehe auch: Nicky und Sila Lee, *Das Ehe-Buch – Schritt für Schritt zu einer erfüllten Partnerschaft* (überarbeitete Neuauflage), Gerth Medien, Asslar 2012, S. 307)

- Der Lebenslang-Test

Möchte ich den Rest meines Lebens mit dieser Person verbringen?

- Der Charakter-Test

Hat mein Partner eine freundliche Art und einen angenehmen Charakter?

- Der Energie-Test

Schöpfe ich neue Energie aus unserer Liebe oder zehrt sie an meinen Kräften?

- Der Respekt-Test

Achte ich diese Person?

- Der Verhaltens-Test

Akzeptiere ich meinen Partner, so wie er ist (auch die schlechten Gewohnheiten)?

- Der Streit-Test

Sind wir in der Lage, unsere Fehler zuzugeben, um Vergebung zu bitten und einander zu vergeben?

- Der Interessen-Test

Haben wir gemeinsame Interessen als Grundlage für unsere Freundschaft?

- Der Zeit-Test

Haben wir schon alle Jahreszeiten und unterschiedliche Situationen miteinander erlebt?

Dieser Test wurde Walter Trobischs Buch *Mit dir: Partnerschaft in der Erprobung* (Vandenhoeck & Ruprecht, Göttingen 1991) entnommen und adaptiert.

Wenn ihr die Fragen nicht mit Ja beantworten könnt, solltet ihr mit einer anderen Person als eurer Partnerin oder eurem Partner darüber sprechen.

Anhang 2

Epheser 5,21-33

„Ordnet euch aus Achtung vor Christus bereitwillig einander unter. Ihr Ehefrauen sollt euch euren Männern unterordnen, so wie ihr euch dem Herrn unterordnet. Denn der Mann ist das Haupt seiner Frau, wie Christus das Haupt seines Leibes - der Gemeinde - ist, für die er sein Leben gab, um sie zu retten. So wie die Gemeinde sich Christus unterordnet, sollt ihr Ehefrauen euch auch euren Männern in allem unterordnen. Und ihr Ehemänner, liebt eure Frauen mit derselben Liebe, mit der auch Christus die Gemeinde geliebt hat. Er gab sein Leben für sie, damit sie befreit von Schuld ganz ihm gehört, rein gewaschen durch die Taufe und Gottes Wort. Er tat dies, um sie als herrliche Gemeinde vor sich hinzustellen, ohne Flecken und Runzeln oder dergleichen, sondern heilig und makellos. Genauso müssen auch die Ehemänner ihre Frauen lieben, wie sie ihren eigenen Körper lieben. Denn ein Mann liebt auch sich selbst, wenn er seine Frau liebt. Niemand hasst doch seinen eigenen Körper, sondern sorgt liebevoll für ihn, wie auch Christus für seinen Leib, also für die Gemeinde, sorgt. Und wir gehören zu seinem Leib. In der Schrift heißt es: »Deshalb wird ein Mann Vater und Mutter verlassen und sich an seine Frau binden und die beiden werden zu einer Einheit.« Das ist ein großes Geheimnis, aber ich deute es als ein Bild für die Einheit von Christus und der Gemeinde. Deshalb sage ich noch einmal, dass jeder Ehemann seine Frau so lieben soll, wie er sich selbst liebt, und dass die Ehefrau ihren Mann achten und respektieren soll."

Im Kontext betrachtet lässt sich der gesamte Abschnitt zusammenfassen: „Ordnet euch aus Achtung vor Christus bereitwillig einander unter." (Epheser 5,21) Unterordnung ist das Gegenteil von Dominieren oder Kontrollieren. Die Ehe soll eine Beziehung des gegenseitigen Gebens sein, in der wir einander dienen wollen und die Bedürfnisse des anderen über unsere eigenen stellen.

Vergleicht man die Pflichten von Mann und Frau (über die veränderte Rolle des Mannes wird hier ausführlicher geschrieben, da in der damaligen Kultur ein verheirateter Mann die Alleinherrschaft über seinen Haushalt hatte), so sind

- die Pflichten des Mannes: „Und ihr Ehemänner, liebt eure Frauen mit derselben Liebe, mit der auch Christus die Gemeinde geliebt hat. Er gab sein Leben für sie ... Genauso müssen auch die Ehemänner ihre Frauen lieben, wie sie ihren eigenen Körper lieben. Denn ein Mann liebt auch sich selbst, wenn er seine Frau liebt." (Epheser 5,25+28).
- die Pflichten der Frau: „Ihr Ehefrauen sollt euch euren Männern unterordnen, so wie ihr euch dem Herrn unterordnet." (Epheser 5,22).

„Haupt" bedeutet nicht notwendigerweise Anführer. Paulus betont damit möglicherweise einfach die enge Verbindung zwischen Mann und Frau in der Ehe. Beide sollten nicht mehr unabhängig voneinander handeln.

Dienendes Leiten bedeutet, Verantwortung zu übernehmen, anstatt die Sache der Partnerin oder dem Partner zu überlassen. Es bedeutet, die Initiative zu ergreifen, nicht Kontrolle auszuüben.

Der ganze Abschnitt betont, dass es wichtig ist, nach Gottes Willen zu fragen, anstatt den eigenen Willen durchzusetzen: „Findet heraus, was dem Herrn Freude macht ... Handelt nicht gedankenlos, sondern versucht zu begreifen, was der Herr von euch will." (Epheser 5,10+17).

Anhang 3

Das Eheversprechen

Der Pastor/Pfarrer sagt an den Bräutigam gerichtet:

(Name), willst du (Name der Braut), die Gott dir anvertraut, als deine Ehefrau lieben und ehren und die Ehe mit ihr nach Gottes Gebot und Verheißung führen, in guten wie in schlechten Tagen, bis dass der Tod euch scheidet, so antworte: Ja, mit Gottes Hilfe.

Er antwortet: Ja, mit Gottes Hilfe.

Der Pastor/Pfarrer sagt an die Braut gerichtet:

(Name), willst du (Name des Bräutigams), den Gott dir anvertraut, als deinen Ehemann lieben und ehren und die Ehe mit ihm nach Gottes Gebot und Verheißung führen, in guten wie in schlechten Tagen, bis dass der Tod euch scheidet, so antworte: Ja, mit Gottes Hilfe.

Sie antwortet: Ja, mit Gottes Hilfe.

Der Bräutigam nimmt die rechte Hand der Braut und sagt:

Liebe (Name der Braut), vor Gottes Angesicht nehme ich dich an als meine Frau. Ich verspreche dir die Treue in guten wie in schlechten Tagen, in Gesundheit wie in Krankheit, bis dass der Tod uns scheidet. Ich will dich lieben, achten, ehren alle Tage meines Lebens – so, wie es Gottes Wille ist. Im Namen des Vaters und des Sohnes und des Heiligen Geistes.

Die Braut nimmt die rechte Hand des Bräutigams und sagt:

Lieber (Name des Bräutigams), vor Gottes Angesicht nehme ich dich an als meinen Mann. Ich verspreche dir die Treue in guten wie in schlechten Tagen, in Gesundheit wie in Krankheit, bis dass der Tod uns scheidet. Ich will dich lieben, achten, ehren alle Tage meines Lebens – so, wie es Gottes Wille ist. Im Namen des Vaters und des Sohnes und des Heiligen Geistes.

Anmerkung der Übersetzerin: Dieses Eheversprechen ist lediglich ein Beispiel. Eure Kursleitenden werden euch vielleicht einen anderen Text zur Verfügung stellen – je nachdem, in welcher Kirche und Region euer Ehe-Vorbereitungskurs stattfindet.

Anhang 4

Ein Haushalts-Budget erstellen

(siehe auch Das Ehe-Buch, Anhang 3: Einen Haushaltsplan aufstellen)

Tipps zum Umgang mit Geld (von CAP*)

Ein Budget erstellen

Erstellt gemeinsam ein Budget und haltet euch daran. Das klingt einfach, aber es ist der beste Weg, um die Übersicht zu behalten, wie viel Geld ihr habt und wofür ihr es genau ausgebt.

Sparen, sparen, sparen!

Selbst wenn ihr nur einen kleinen Betrag jeden Monat beiseitelegen könnt, wird es sich letztlich summieren. So habt ihr Rücklagen für unerwartete Ausgaben. Oder könnt frühzeitig für besondere Ereignisse, z. B. für Weihnachten, planen.

Macht euch schlau!

Beim Vergleich verschiedener Energieanbieter könnt ihr oft ein besseres Angebot finden, das zu euren individuellen Bedürfnissen passt.

Bar bezahlen

Bezahlt bar statt mit Karte. Beim Ausgeben von „echtem" Geld ist euch eher bewusst, was ihr tatsächlich kauft. Das heißt auch, wenn das Geld ausgegeben ist, ist es ausgegeben. Das hilft euch zu überlegen, welche Dinge ihr „unbedingt braucht."

* Mehr Informationen zu **Christians Againist Poverty** auf **capuk.org** und **capmoney.org.** Hilfe bei finanziellen Problemen bieten die Schuldnerberatungsstellen von Diakonie und Caritas und anderen Wohlfahrtsverbänden sowie Beratungsstellen in der örtlichen Stadt- und Kreisverwaltung oder : **www.meine-schulden.de**, **www.schuldenberatung.at**, **www.schulden.ch**

Monatlicher Budgetplaner

Durchschnittliche monatliche Einkünfte (Jahressumme berechnen)

Gemeinsames Einkommen		€................
Andere Einkommensquellen		€................
Gesamt (1)	**€.............................. ÷ 12**	**€................ (monatlich)**

Regelmäßige Fixkosten (Jahressumme berechnen)		**tatsächlich**	**Budget**
Miete/Hypothek		€................	€................
Nebenkosten (Strom, Gas, Wasser, Müll usw.)		€................	€................
Versicherungen		€................	€................
Kreditraten		€................	€................
Fahrtkosten (z. B. Monats- oder Jahreskarten)		€................	€................
Auto (Steuer und Versicherung)		€................	€................
Spenden		€................	€................
Sonstiges		€................	€................
Gesamt (2)	**€.............................. ÷ 12**	€................ (monatlich)	€................ (monatlich)

Flexible Ausgaben für Grundbedürfnisse (geschätzte jährliche Kosten)			
Haushalt (Lebensmittel, Medikamente etc.)		€................	€................
Kleidung/Schuhe		€................	€................
Laufende Kosten fürs Auto		€................	€................
Telefon/Internet		€................	€................
Sonstige Kosten (Zeitung, TV etc.)		€................	€................
Gesamt (3)	**€.............................. ÷ 12**	€................ (monatlich)	€................ (monatlich)

Flexible, nicht lebensnotwendige Ausgaben (geschätzte jährliche Kosten)			
Unterhaltung/Gastfreundschaft		€................	€................
Geschenke		€................	€................
Sport/Freizeit		€................	€................
Urlaub		€................	€................
Ausgehen		€................	€................
Sonstiges		€................	€................
Gesamt (4)	**€.............................. ÷ 12**	€................ (monatlich)	€................ (monatlich)

Monatliche Rücklagen **Gesamt (5)**	€................	€................
Gesamte monatliche Ausgaben addieren (2, 3, 4, 5)	€................	€................
Differenz Ausgaben und Einkünfte (1)	€................	€................

Anhang 5

Vorschläge für Lesungen im Traugottesdienst

Psalm 19, 84, 85, 91, 121 komplett

Psalm 139,1-18

Kohelet (Prediger) 4,9-12

Hoheslied 2,10-13

Hoheslied 8,6-7

Jesaja 40,25-31

Johannes 2,1-11

Johannes 15,1-4 und 9-17

1. Korinther 13,1-8(a)

Epheser 3,14-21

Epheser 5,21-33

Philipper 2,1-11

Philipper 4,4-9

Kolosser 3,12-17

1. Johannes 4,7-16

Anhang 6

Buchempfehlungen

Gary Chapman, *Die fünf Sprachen der Liebe. Wie Kommunikation in der Partnerschaft gelingt*, Verlag der Francke-Buchhandlung, Marburg

Gary Chapman, *Die andere Seite der Liebe. Ärger, Wut und Zorn – wie negative Gefühle zur positiven Kraft werden*, Brunnen Verlag, Gießen

Henry Cloud und John Townsend, *Liebe im Gleichgewicht. Wie Sie Ihre Partnerschaft durch gesunde Grenzen bereichern*, Gerth Medien, Asslar

Timothy und Kathy Keller, *Ehe: Gottes Idee für das größte Versprechen des Lebens*, Brunnen Verlag, Gießen

Nicky und Sila Lee, *Das Ehe-Buch, Schritt für Schritt zu einer erfüllten Partnerschaft (überarbeitete Neuauflage)*, Gerth Medien, Asslar

Wenn ihr gern mehr über den Ehe-Kurs (relevant für jedes Paar und empfohlen als Follow-up zum Ehe-Vorbereitungskurs etwa zwei Jahre nach der Eheschließung) erfahren möchtet oder interessiert seid an weiteren Informationen zu unseren Kursen und Materialien, wendet euch gern an:

Deutschland: **www.ehekurs.org, info@ehekurs.org**
Österreich: **www.ehekurs.at, info@ehekurs.at**
Schweiz: **www.ehekurs.ch; info@ehekurs.ch**

Wenn ihr gern mehr über den christlichen Glauben herausfinden und an einem Alphakurs in euer Nähe teilnehmen möchtet:

Deutschland: **www.alphakurs.de**
Österreich: **www.alphakurs.at**
Schweiz: **www.alphalive.ch**

Notizen

Notizen

Notizen